フランス人の部屋にはゴミ箱がない

おしゃれで無駄のない暮らし

MIKA POSA

はじめに

「フランス」や「パリ」という言葉を目にすると、多くの人は「おしゃれ」や「美食」を思い浮かべると思います。そして、老舗《しにせ》のファッションブランドや高級レストランに思いを馳《は》せてうっとりしながら、「フランス人は、いつも最新のファッションを身にまとって、おいしいフランス料理を食べられて羨《うらや》ましいわ」と考えてしまいがちです。

しかし、フランス人は高級ブランドの服ばかり着ているわけではないですし、毎日フランス料理をフルコースで食べているわけでもありません。旅行のガイドブックやファッション雑誌で紹介されている華やかなフランスだけが、フランスではないのです。

私はフォトグラファーとして、長年パリと東京を行き来し、たくさんのフランスの子どもたちを撮影してきました。そのつながりで様々なフランスの家庭を訪れ、「ものを増やさない」「お金を使わない」「ゴミを出さない」ということを念頭においたフランスの暮らしを目《ま》の当たりにしてきました。フランスの人たちは、これを日常生活の中でごく自然に実践しています。

フランス人の日々の暮らしは、とてもシンプルで合理的です。そして、お金をかけていないのにセンスが良くて豊かです。こういったライフスタイルがしっかりと根づいているのは、素晴らしい文化だと思います。

私はフランス人との交流をとおして、フランスが魅力的なのは、そこに暮らす人たちがものに振り回されず、日々心豊かに生活しているからだと思うようになりました。彼らの暮らしからは学ぶことが多く、日本での暮らしのヒントになることも多々あります。これまで私が出会ったフランスの人たちから学んだ暮らしの知恵や、豊かな日常生活をご紹介することで、フランスの本質に少しでも触れてもらい、無駄のない暮らしのヒントにしていただけたらうれしく思います。

MIKA POSA

フランス人の部屋にはゴミ箱がない　目次

第1章　生活空間には、気に入ったものを少しだけ

第2章 効率を考えたキッチンの作り方、使い方

第3章 自然体が生み出すフランス流の美しさ

第4章　軽やかに暮らすためのスッキリした人づきあい

第1章
生活空間には、気に入ったものを少しだけ

1. フランス人の部屋にはゴミ箱がない

「MIKAさん、パリの人たちはどんなゴミ箱を使っていますか？」

ある時、東京に住む友達にこんな質問をされました。それまで「フランスのゴミ箱」について気にとめたことがなかったのですが、いざ聞かれて考えてみると、日本の家庭のように各部屋にゴミ箱が置いてあるのを見た覚えがありません。友達の質問をキッカケに、私はフランス人の部屋にゴミ箱がないことに気づいたのです。これは驚きであり発見でした。そこで、これまで訪ねたフランスの家庭のゴミ箱がどうなっていたかを改めて考えてみました。

撮影で出会った子どもたちとは家族ぐるみで親しくなり、長らく交流が続いています。フランス人は一度仲良くなると気軽に家に招待してくれるので、これまでに様々な家庭におじゃましてきました。そして、私が訪れた多くのフランスの家庭では、各部屋にゴミ箱がありませんでした。

もちろん家にひとつもゴミ箱がないわけではありません。では、どこにあるかというと、キッチンのシンクの下に大きなゴミ箱があります。これを家族みんなが使うのです。バスルームにもゴミ箱を置いている家もありましたが、こちらは女性が使うコットン類や綿棒などを捨てる程度なので、ごく小さいサイズのものでした。

フランスの家庭は、「ゴミやゴミ箱を見えないようにする」というスタンスのようで、それらは基本的に目立たない場所に置いてあります。キッチンのシンクの下にゴミ箱をしまうスペースがない家では、シンクの横などに置いてありましたが、その場合は蓋《ふた》つきで中身が見えないタイプのものが主流です。そして、家の中でゴミが出たら、各自がキッチンまで捨てに行くのです。

「いちいち捨てに行くなんて面倒だから、各部屋にゴミ箱を置けばいいのに」という声が聞こえてきそうですが、フランス人は不便には感じていません。

というのも、そもそも彼らは〝ゴミを出さない生活〟を心がけているので、暮らしの中でゴミがあまり出ません。なので、部屋にゴミ箱がなくても気にならないのでしょう。心がけているというよりは、フランスでは伝統的に〝ゴミを出さない生活〟が

（右）シンクの下が、ゴミ箱の定位置。
（左）大きな窓が素敵なキッチン。

しっかり根づいていると感じます。

詳しくは各章で取り上げますが、フランスに住む人たちと交流していると、衣食住それぞれの場面で、ゴミを出さない工夫や知恵があることに気づかされます。その中でも象徴的なのが、「部屋にゴミ箱を置かない」ということなのだと思います。

各部屋にゴミ箱を置かず、キッチンに集約する利点は多々あります。部屋の美観を損ねることもありませんし、臭いや汚れを気にすることもありません。また、各部屋のゴミ箱からゴミを集めるという作業をしなくて済むので、時間短縮にもなりとても合理的です。

私は、この「ゴミ箱を置かないこと」が「ゴミを出さないこと」につながっているのだと思っています。例えば、ダイエットをしている時に、家にお菓子があるとつい食べてしまうけれど、お菓子の買い置きがなければ食べなくて済むというのに似ているかもしれません。ゴミ箱があるために、ついついゴミを出してしまうのです。

ただフランス人も、食事を作るためにはどうしても生ゴミが発生してしまうため、キッチンにはゴミ箱を置かざるを得なかったのでしょう。そこで、家の中で唯一のゴミ箱を置く場所は、自然とキッチンのシンクの下になったようです。

もしかすると、フランス人には「不要なものを捨てる」という概念がないのかもしれません。それは、「しっかり吟味して必要なものしか買わない」＝「捨てるものはない」＝「ゴミが出ない」＝「ゴミ箱はいらない」ということなのだと思います。

2. 日用品をストックしない

日本で暮らしていると、ティッシュペーパーやトイレットペーパー、洗剤、油、調味料、乾物など日用品を切らさないように、ついストックしてしまいがちですが、フランス人は日用品をストックする習慣があまりないようです。

すぐに使わないものをストックするということは、そのための収納場所も必要です。よほど広い家でなければ、居住スペースに余計なものが積み上げられ、圧迫感を感じます。フランス人は広々とした居住空間を大切にしているので、不必要なもので貴重な空間を潰《つぶ》してしまうのを避けているのでしょう。

それと同時に、「日用品は、使い切って足りなくなってから買えばい

洗剤などのストックをしないので、水回りもスッキリ。

い」という考え方が主流のようです。私がフランスの友達の家に泊まった夜、翌日の撮影のために足りないものがあって、すぐに買いたいと慌てていると、「明日、買えばいいじゃない。そんなに慌てなくても、なんとかなるわよ」とのんびりと言われました。どちらにしても、フランスの小売店はそんなに遅い時間まで開いていませんから、買いに行くことはできません。

フランスには、日本と全く同じような24時間営業のコンビニエンスストアや深夜営業しているスーパーはありませんが、それでも人々は少しも困っていません。夜は、仕事のことを忘れて家族や友達とゆっくりと過ごす時間なのです。こういったライフスタイルや時間の使い方が、心のゆとりを生んでいるように思います。

ある調査では、日本人は世界でも1、2を争うほど「不安」を感じやすい民族だそうです。そういった民族性が「たくさん買って備える」という行動につながっているのかもしれませんね。

また、少しでも安く買いたいという気持ちから、特売日に買いだめしてしまうこともあるでしょう。でも、それでいつのまにか家の中が倉庫のようになっていないでしょうか。

さらに、「ストックしてあるから、じゃんじゃん使っても大丈夫！」と思って、ティッシュや洗剤をやみくもに使ってしまっては元も子もありません。「まとめ買いしなくても、必要になった時にいつでも買える」「特売に惑わされず、本当に必要な分だけを買えばいい」という心構えで買いだめをやめるだけでも、快適な生活空間を作っていけると思います。

3. 子どもの作品も、飾り方ひとつで立派なアート

フランスのリビングには、センスの良い様々なアート作品が飾ってあります。そのなかでも目を引くのは、子どもたちが描いた絵などの作品です。冷蔵庫のドアなどに一時的に貼ってあるのではなく、インテリアの一部としてきれいに飾ってあります。

ある家庭では、息子さんが小学校低学年の時に描いた風景画が、きれいに額装《がくそう》して壁にかかっていました。薄いブラウンとブルーを基調にして描かれた、やわらかいタッチのとても心なごむ水彩画で、おしゃれなインテリアにもマッチしていました。また、幼稚園や小学校の授業で作った作品もカラフルなものが多く、さりげなく置いてあるだけで部屋のアクセントになっています。子どもの絵に限らず、大人が描いた絵や、

子どもの落書きも、イーゼルに飾れば素敵なアートに。

先祖の肖像画を飾っている家もあります。

日本の場合、飾る場所がないからと作品をしまいこみがちですが、フランスでは手作りのものを積極的に飾っています。作品が映《は》えるように、スッキリした空間を作り出しているようにも感じます。


作品とあわせて、写真も飾られています。

日本人は、他の国の人たちと比べるとマメに写真を撮る傾向があると思います。お子さんやお孫さんの成長の瞬間を逃さないように、撮影が日課になっている方もいるかもしれません。また、旅先では旅そのものを楽しむより、「あらゆる場所を撮影して記録しなくては」という強迫観念にとらわれているようにも感じます。そうして、ついつい写真を撮りすぎてしまい、枚数が多すぎて見返しもせず、どうやって整理すればいいかわからなくて悩んでいるという方も多いのではないでしょうか。

私も仕事柄、写真の整理方法を友達から相談されることがあります。

しかしフランス人は、そこまで躍起《やっき》になって写真を撮りません。これまでに、何組かのフランス人の家族に東京を案内する機会がありましたが、彼らはまず、自分の目で旅先の風景をしっかりと見て、出会った人との交流を楽しみ、本当に大切な瞬間や印象的な風景だけを撮影していました。なので、撮った写真が膨大な枚数になることも、整理方法に悩んだり、整理に時間を取られたりすることもありません。

写真は見るために撮るものです。見返すこともなく、ただ保管しておいてはもったいないと思います。フランスをはじめ、欧米の家庭では、気に入った写真はプリントし、いつも目にする場所に飾るのが一般的です。日常の生活空間に思い出の写真が飾ってあり、いつでも目にすることができると、楽しかった気持ちを思い出して日々の暮らしに潤いを与えてくれるようです。

（上右、左）アトリエで子どもが作った作品。今にも動き出しそう。
（下）ルーブル美術館の建物にある一般の人が通えるアトリエ。
（左）部屋のドアが、ギャラリーに変身。

4. かわいい缶や瓶は、再利用

パリで人気の蚤《のみ》の市《いち》。人気の理由はいろいろあると思いますが、私の友達は「素敵な缶が見つかるから、ついつい足を運んでしまう」と話していました。古いものを大切にするフランス人らしく、蚤の市ではかなり年季の入った（少し錆びた）缶も大切に売られています。

缶はどれも味のある形やデザインなので、インテリアとして飾るだけでもかわいいですが、やはりキッチンで活用されることが多いようです。

蚤の市で缶を買うのは観光客がメインで、フランス人はわざわざ缶を買ったりはしません。例えば、お菓子を買って、その缶がかわいかったから再利用するといった具合です。フランスの北西部に位置するブルターニュ地方の伝統菓子として有名な、バターをふんだんに使用した厚みのあるクッキー「ガレット」は、かわいい缶に入れて売られていることが多いです。パリ旅行のお土産としてもらったことがある方も多いのではないでしょうか。この缶も、地域や年度、時期などでデザインが変わるので、ついつい集めたくなります。かわいい缶を再利用しながらインテリアの一部にすれば、一石二鳥ですね。また、紅茶などもバリエーション豊かな素敵な缶で売られています。

商品を選ぶ時に、缶の再利用を考えながらセレクトするのは、どこの国も同じですね。

大、中、小と同じデザインで、3つセットになっていた缶。中身が分かるように、FARINE（小麦粉）、PÂTES（パスタ）などと書いてあるのがおしゃれ。

蚤の市に行くと、個性的な缶をたくさん売っています。

5. リビングには余計なものを置かない

フランス人の家はいつもきれいに整頓されています。急に遊びに行ってもあわてて片付ける様子はありません。というのも、フランス人にとってリビングは、家族がくつろぐ場所であると同時に、いつお客様が来てもいいように常に整えておく「公共の場所」という感覚なのだと思います。

きれいな状態を保つために、余計なものは決して置きません。日本の家庭なら必ず置いてあるティッシュペーパーやゴミ箱もありません。フランスのリビングで、テーブルに置いてあるのはセンスのいい雑誌や、部屋の雰囲気にあった花などです。

また、日本では、外出から帰って来た時にコートやバッグをちょっとソファーに置いてしまいがちですが、フランスでは「ちょっとソファーに置く」という様子を見たことがありません。脱いだコートは、脱いだ直後に所定の場所にすぐにかけています。フランス人は大雑把《おおざっぱ》な部分も多少ありますが、ものを置きっぱなしにしたり、出しっぱなしにしたりはしません。

こうしたことを徹底できるのも、フランス人が住まいの中で何が一番大切かをきちんと考えているからではないでしょうか。それは、「家族が快適に過ごせて、笑顔になれる空間を常に確保すること」です。その場所にゴミ箱は不要ですし、脱ぎっぱなしのコートやバッグも必要ありません。

フランスの住宅に比べれば、日本の住宅は全般に小ぶりと言いますか、狭いです。そこに、いろいろなものをストックしてしまうと、ますますくつろぐ空間が少なくなってしまいます。せめてリビングだけは余計なものを置かないなど、できるところから実践してみるのも良いかもしれませんね。

スッキリした空間だからこそ、ソファの配置もおしゃれに。

6. 収納家具はできるだけ少なくする

フランス人の家がすっきりしている理由のひとつとして、収納家具自体の少なさがあげられます。壁面《へきめん》収納がメインで、それ以外はほとんど収納家具を置いていません。最初の項目で「ゴミ箱を置かなければ、ゴミを減らせる」という話をご紹介しましたが、同様の理由で収納家具や収納するスペースが少なければ、服やものも増えないようです。

服の収納に関して、ちょっと見習いたいと思ったエピソードがあります。以前から親しくしているご家族の女の子が、すっかり大きくなって大学生になりました。彼女は生粋《きっすい》のパリジェンヌですから、とってもおしゃれです。雑誌の編集部でアルバイトをしていて、取材やレセプションに行くことも多いそうですから、さぞかしたくさんの服を持っているだろうと思いきや、彼女の部屋には、幅１ｍほどのクローゼットがひとつあるだけです。おしゃれに敏感な年頃の女の子の服が、クローゼットひとつに収まっているというのは衝撃でした。

でも、おしゃれだからこそ、自分にはどんな服が似合うかを見極めて、余計なものは買わない習慣が身についているのかもしれないですね。おしゃれで収納上手。これこそ現代のパリジェンヌだと思いました。

服を持ち過ぎていると全部を着るのは難しいですし、場所を塞ぐばかりです。ひとつ買ったら、ひとつ処分するということを励行したいものですね。

また、キッチンの収納もスッキリしています。食器は厳選したものを少しだけしか使いませんし、調理器具は見える場所に下げられているこ

（右）食器自体が少ないので、食器棚も最小限。
（左）キッチンは、見せる収納が主流です。

とが多いので、収納場所は最小限ですみます。見える収納を取り入れたキッチンは使い勝手がよく、掃除もしやすいようです。
いつもきれいに整えられているので、お料理するのも楽しくなりますね。

7. 本は本棚、雑誌はテーブルの上

日本では書店の数が減少傾向で、活字離れ、本離れが叫ばれて久しいですが、フランス人は読書家だと感じます。たいていの家の廊下には天井まで届く大きな本棚があり、ぎっしりと本が並んでいるからです。そして、街には、様々なタイプの書店があります。パリには老舗の書店がたくさんあるうえに、セーヌ川沿いに設置されている古本のスタンド「ブキニスト」も有名です。児童書専門の書店の他、映画や演劇に特化した専門の書店もあり、さすがは芸術の都パリだと感じます。

書店や図書館には、いつもたくさんの人がいます。数年前から日本のマンガも人気で、マンガのコーナーやマンガ専門の書店もあって盛況《せいきょう》です。壁面にたくさんの本をディスプレイしたカフェも見かけます。こうして、街の中でもいろいろな形で本を目にします。それだけ本を愛する人が多いのだと思うと、本好きの私としてはうれしくなります。

そんなフランス人たちの本棚には、お料理の本や旅行ガイドなども並んでいますが、圧倒的に小説が多い気がします。慌ただしい日々の中で、本を読む時間を捻出《ねんしゅつ》しているのは素敵なことですし、読書が心の豊かさにもつながっているのだと思います。

また本棚には、本と一緒に映画のＤＶＤやブルーレイディスクも並んでいます。フランスでは映画を観る料金が安いため、映画館に足を運ぶ人も多いですが、それでも有名な作品やお気に入りの作品を本棚に並べているのを見ると、フランス人のこだわりを感じます。

ちなみに、この立派な本棚には雑誌は並んでいません。雑誌は置き場所が違うのです。先ほど、フランスの家庭のリビングには余計なものを置いていないとお話ししましたが、おしゃれなファッション雑誌や写真

集は来客に見られても恥ずかしくないので、インテリアとしてリビングに置くのが定番のようです。本の置き場所ひとつとっても、フランス人はおしゃれですね。

（上）セーヌ川沿いのブキニスト（古本屋）は、本の並べ方が素敵。
（中）インテリアの一部になっているファッション誌。
（左）落ち着いた雰囲気のブックカフェ。

8. ベースの色はシンプル、アクセントでおしゃれに

パリに住む人たちは、色の使い方がとても上手です。パリの街にはセンスのいいものがあふれていますし、世界を代表する美術館も山ほどあるので、日々名画や名品に親しみ、自然とセンスが磨かれてきたのでしょう。服もインテリアも「プロのスタイリストさんがコーディネートしたのでは？」と思うほど洗練されています。

そんなパリの人たちが住む家は、どこも個性があり素敵でうらやましくなります。雑誌に載っていそうなモダンなキッチンや、ベルサイユ宮殿に迷い込んだような荘厳《そうごん》なリビングもあれば、木の梁《はり》がむき出しの山小屋風のあたたかいイメージの部屋もあります。インテリアのバリエー

ションが豊富なのも、パリならではだと感じます。

いずれのリビングも、白やベージュを基調にしていてとても居心地がいいです。そこに、家主が好きな色をアクセントとして使っています。ブラウンやグレーなど落ち着いた色をアクセントにしてまとめた部屋は、とてもシックでパリらしさを感じます。部屋の雰囲気を壊さないように、色が馴染《なじ》まないものは小物でさえも置いていないようです。反対に、赤やパープルなどの鮮やかな色を好む家もあり、こちらは華やかな印象です。

パリ市内はほとんどがアパルトマンで一軒家は少ないのですが、少し郊外の一軒家に住む子どもを訪ねた時、家の外壁が白で、玄関がかわいいピンク色の扉で驚いたことがあります。シックな色使いが中心のパリで、ピンクの扉は珍しかったので理由を聞くと、内装をピンク系でまとめたので外装もピンクと白に塗り替えたとのことでした。内装との調和まで考えるなんて、すごいですね。小さなお庭のグリーンと外壁の白に、ピンク色の扉が良いアクセントになり、絵本から飛び出してきたようなかわいいお家だったのでとても印象に残っています。

また、インテリアの色使いと住んでいる人のファッションを見ると、色の統一感があるのを感じます。好きな色を選んだ結果、自然にそうなったのかもしれませんが、住む空間から着るものまでトータルでコーディネートされているのは、とても素敵に感じます。

フランス人は、アクセントに赤を使うのが上手です。

9. 子ども部屋はカラフル

フランスの子どもたちは、赤ちゃんの頃からひとりで寝る習慣があるので、みんな自分の部屋を持っています。

親子が川の字になって一緒に寝ることが多い日本と比べるとだいぶ違う習慣なので、「小さい頃からひとりで寝かせるなんてかわいそう！」と思われるかもしれませんが、フランスでは夫婦がふたりで過ごす夜の時間も大切だと考えられているのです。また、早い時期から子どもの自立心を育てるために親と子は別々に寝ます。

でも、親子で一緒に寝ない分、子どもが寝つくまでの間、絵本を読み聞かせたり、昼間のうちにしっかりとスキンシップをして愛情を伝えてバランスをとっています。

また、ここまでの項目で、フランス人が家の中をスッキリと整頓していることや、インテリアがシックであることを書いてきましたが、家の中で唯一例外の場所があるとすれば、それは子ども部屋だと思います。子どもたちには、好きなようにのびのびと遊んで欲しいと考えているようで、子ども部屋にはおもちゃも多く、日本と同様にたいてい散らかっています。

とはいえ、おもちゃをしまう場所がちゃんと決まっているので、遊んだ後にきちんと片づければ、部屋はあっというまにきれいになります。子ども服の収納もきっちりしていて、色合いごとに分けて、お店で売っているかのようにきれいにしまってあるので感心してしまいます。

部屋の色使いはとてもカラフルで、夢のある部屋ばかり。女の子はピンク系の色合いでまとめた部屋が多く、ベッドには天蓋《てんがい》をつけている子もいてお姫様気分です。ぬいぐるみやお人形さんに加え、プリンセスのドレスを模《も》した仮装用のコスチュームやヘアアクセサリーをたくさん持っている子も、ひとりやふたりではありません。お姫様に憧れる気持ちや、おしゃれが好きなのは万国共通ですね。

男の子はブルーやグリーンの鮮やかな色でまとめられた部屋が多く、なかには天井を空に見立てて青く塗り、白い雲をペイントしている部屋もありました。

（上）女の子のベッドに、天蓋がついているのをよく見ます。
（下）カラフルな寝具で、夢のある子ども部屋

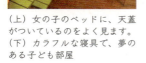

フローリングの床に、イエローグリーンの椅子がマッチ。

フランスの男の子もゲームが大好きですが、騎士や白馬のおもちゃ、絵本なども人気です。現在もたくさんの古城があり、ホテルやレストランとして活用しているフランスでは、お城が身近な存在なのですね。

その他、フランス生まれの木製ブロック「KAPLA《カプラ》」やレゴブロックなど、集中力や創造力を養えるおもちゃも、子ども部屋でよく見かけます。日本のアニメやマンガも子どもたちにとても親しまれていて、撮影の合間などにアニメの話題で盛り上がることもあります。小さい頃から撮影のモデルをお願いしている兄弟からは、ポケモンカードやガンダムのフィギュアをおみやげに買ってきてと頼まれることもしばしばです。

フランスの子ども部屋は、おしゃれなだけでなく、子どもたちが好きなものに囲まれて過ごすことができ、ひとりで寝ても良い夢が見られる空間なのだと思います。

10. 何を買うか、何を捨てるかで悩まない

生活空間を美しく保つことを心がけているフランス人は、必要のないものを買うことはありません。日本にいると、「流行っているから」「友達が持っているから」「テレビで紹介していたから」という理由で買ってしまい、必要のないものが増えてしまうことが多々あると思います。また、頂きものを捨てられず、使わないけれどずっと持っているものや、タンスの肥やしになっている服もあるでしょう。

しかしフランス人は、まわりに流されてものを買うことはありません。フランスには、魅力的な服や雑貨が山ほど売っていますが、それらをやみくもに買うのではなく、自分の暮らしに何が必要で何が必要でないかを常に意識しているのだと思います。この意志の強さは、見習いた

いですね。かといって、ショッピングが嫌いなわけではありません。年に2回、夏と冬に大きなバーゲンセールがあるので、フランスの人たちはその時を狙って欲しいものを少しだけ買います。セール以外の時期は、ウィンドーショッピングをして、品物を吟味し、良いものを見極める目を養う期間なのではないかと思います。

歴史や伝統のあるものから、高級ブランドのもの、最先端のデザイン

(上) 人気のセレクトショップの前を通っても、誘惑には負けません。
(左) カラフルなショーウインドーは、眺めるだけで楽しい気分に。

case
cousin paul
19h30
11h - 19h

のものまで、パリにいればあらゆるタイプのものを目にすることができますからね。

こうして、やみくもに買い物をしない結果、ほとんどものが増えず、収納場所に困ることもありませんし、不要なものが発生する確率も少ないのです。

本書の冒頭で書いたとおり、フランス人の暮らしは「ゴミを出さない暮らし」と言っても過言ではないので、生ゴミ以外に捨てるものはほとんどないと言ってもいいでしょう。ですから、日本のようにたまりにたまった服の中で、どれを捨てるか迷うなどということもありません。しっかりと吟味して買ったものばかりですから、そうそう捨てることにはならないのです。子ども服など、すぐに着られなくなるものも、フリーマーケットで売るなど、リサイクルのシステムがしっかりしているので、こちらも捨てることとは無縁のようです。

最近、私はフランス人を見習って「迷った時は買わない」というのを実践しています。以前は、買いものをしていて迷ったら「とりあえず買っておく」ことが多かったのですが、「迷った時は買わない」に切り替えてから買いそびれたと後悔したことは、今のところありません。

お店で見た時は、「これを逃したら、これ以上良いものには出会えないかも！」と焦りがちですが、家に戻った頃にはその熱も冷めて、気にならないものです。そこで私は、買うかどうか迷うものは不要である場合がほとんどだと気づきました。このことに気づいてから、家の中はスッキリとものが増えない状態が保たれている気がします。そして、本当に必要なものを買う時は、迷わないものです。

第2章
効率を考えたキッチンの作り方、使い方

1. 食事はワンプレートで、準備と片づけの時間を短縮

フランスの家庭では、ワンプレートの食事が主流です。日本人にはカフェのごはんのようでおしゃれに見えますが、フランス人がそのような食事を好む理由は、おしゃれだからというより、便利な面が多いからのようです。

どのような面が便利かというと、なんといっても準備と片づけがラクです。日本の食卓は、パッと思い描いただけでも、ごはん茶碗、お味噌汁のお椀、メインのおかず、副菜、小鉢など、一人当たり4〜5個の食器が必要です。それを家族の人数分準備するとなると、1回の食事で20個前後の食器を使わなければなりません。改めて書き出してみると、けっこうな数ですね。

しかし、フランス風にワンプレートにすれば、４人家族なら４枚のお皿だけで足りてしまいます。

準備もさることながら、ワンプレートの最大の魅力は、片づけがラクなことです。20個の食器を手洗いする日本のスタイルと、４枚のお皿を食洗機で洗うフランスのスタイルでは、後片づけにかかる時間と手間の差は一目瞭然《いちもくりょうぜん》ですね。さらに言えば、使う食器が少ないので食器を収納する場所も少なくて済み、フランス人のキッチンはいつもすっきりしています。フランス人も日本人と同様に日々慌ただしい生活を送っているので、そんな暮らしの中で、少しでも時間を短縮するために定着したのがワンプレートのスタイルなのだと思います。

ところで、普段ワンプレートでの食事に慣れているフランス人にとっては、たくさんの小鉢やお皿が並ぶ日本の食卓は、とても魅力的に見えるようです。パリから東京に遊びに来たフランスの友人に、夕食をどこで食べたいか尋ねると、たいてい居酒屋に行きたがります。いろいろなメニューを頼み、たくさんの小皿がテーブルに並ぶ様子が新鮮で楽しいようです。

準備や片づけに手間がかかっても、お料理にあわせた様々な食器が並び、季節感に富んで目にも楽しい日本の食卓は、やはり素晴らしいものです。日本人から見ると、フランス人の暮らしは「おしゃれ」の一言でまとめられがちですが、一歩踏み込んでみると私たちの暮らしに役立つ知恵がたくさんあります。フランスの効率的な面と、日本の美しい食文化の良いところをバランスよく暮らしに生かしていきたいですね。

（上）煮込み料理のポピエット。子どもたちもナイフとフォークを上手に使います。
（右）お米も、よく食べる食材のひとつ。トマトのファルシーと一緒に。ファルシーは、詰め物料理の総称で、写真は肉詰め。日本人の口にも合います。

2. 食器は洗いやすいものを少しだけ

私たち日本人がパリの朝食を思い浮かべる時、カフェ・オ・レ・ボウルにたっぷり注がれたカフェ・オ・レと焼きたてのクロワッサンの朝食を思い描くのが定番です。パリのお土産に、かわいいカフェ・オ・レ・ボウルや素敵な食器を買うのを楽しみにしている方も多いと思います。

しかし実際には、カフェ・オ・レ・ボウルを使い、焼きたてのクロワッサンで優雅な朝食をとっているフランス人はあまりいません。仕事を通して親しくなったご家族のところで朝食をごちそうになる機会も多々ありましたが、シリアルに牛乳をかけたり、クッキーとオレンジジュースだけなど、手軽に食べられるメニューが主流でした。朝が慌ただしいのは、どの国も同じです。あたたかい飲み物はマグカップで飲んでいる家庭が圧倒的に多く、日本人が憧れるカフェ・オ・レ・ボウルを朝食に使っている家は意外と少ないのです。

カフェ・オ・レ・ボウルに限らず、パリの家庭には、それほどたくさんの食器がありません。先にお話ししたワンプレートの食事が主流ということもあり、日本のように用途にあわせて様々な大きさや形の食器を揃《そろ》える必要がないのだと思います。その結果、全体的に食器が少なく、キッチンの収納に悩むことはないようです。

また、食器選びの一番のポイントは、食洗機で洗えるかどうかです。自分の時間や家族と過ごす時間を大切にするフランス人は、時間を有効に使うため、食洗機を使うのが一般的です。なので、色や柄にこだわるより、食洗機で洗えるかどうかを優先して食器を買っているようです。

素材は、壊れにくく安価なメラミン素材や厚手の陶器が人気で、一度

最小限の食器類。収納もコンパクト。

買った食器を何年も大切に使っています。フランスには素敵な食器がたくさん売られていますが、次々に新しいものを買わないのは、節約家でものを大切にするフランス人らしいです。高価な食器やグラス、美しい絵皿などが日常の食事に登場する機会はなく、インテリアとして飾られていることが多いようです。

フランスの家庭では、食洗機は標準装備。家事の負担を減らしてくれる強い味方。

3. フランスパンは、端がむき出しの簡易包装

パリの街を歩くと、バゲットを持っている人をよく見かけます。そして、実際にパン屋さんでバゲットを買ってみると包装がシンプルなことに気がつきます。

日本でバゲットを買うと、パン全体がスッポリ入る細長い紙袋に入れて、保存用のビニール袋をつけて、それを手提げの紙袋やビニール袋に入れてくれます。パリでは、手で直接触れる部分だけにクルッと薄紙を巻くだけだったり、パンが半分以上飛び出してしまうような丈の短い紙袋に入れるのが一般的で、全体を包むような包装はほとんど見かけません。日本人から見ると、「おしゃれ」と思ってしまうフランススタイルの包装ですが、これはゴミを出さない工夫なのです。

フランス人の主食であるバゲットは、朝と夕方にパン屋さんで焼きたてを買ってすぐに食べるものなので、過剰な包装でゴミを増やす必要はないというのが、パリジャン、パリジェンヌの見解だと思います。また、パリは湿気がなくカラッとした気候なので、あまり厳重に包装しなくても良いとも言えます。

パン屋さんでは、ケーキもシンプルな包装です。カットしてあるタルトを1個だけ買った場合は、バゲット同様に薄紙でクルッと包んでくれるだけです。それを紙袋やレジ袋には入れませんから、ケーキの包装は紙1枚で済んでしまいます。ケーキを複数買った場合も箱に入れるのではなく、広げた包装紙の上に20㎝四方ぐらいの大きさの厚紙を置き、その上にケーキを置いて包装紙の両端を上部で合わせ、余った部分を折って全体を三角形にし、紐で持ち手を作って終わりです。（写真をご参照下

パンの包装はシンプル。

複数のケーキも箱を使わず包装。

さい）

日本でケーキを買ったら、たとえ1個でも箱に入れて、箱の中でケーキが動かないように支えの厚紙を入れて、保冷剤を付けて、箱の上に包装紙をかけて、手提げ袋に入れて、ナプキンやプラスチックのフォークやスプーンまで付けてくれて……。お祝い事など特別な日ならともかく、ちょっとしたおやつを買うだけで、ものすごくたくさんのゴミを出していることに気がつきます。丁寧できれいな包装は日本らしくて良いところではありますが、減らせるところは減らせるといいですね。

mydl.fr
mydl.fr

4. 食事のしたくに手間をかけない

「フランスの人たちは、毎日豪華なフランス料理を食べているんでしょう?」

これは日本の友達から、よく聞かれる質問のひとつです。答えは簡単で、日本人が思い描くような濃厚なフランス料理を毎日食べている人はいません。

パリの家庭で食べられている家庭料理は、とても薄味で手軽なメニューが多いのです。肉の塊をオーブンで焼いただけとか、野菜を煮てミキサーにかけてスープにするとか、調理法も簡単です。

パリに住む女性たちは、仕事をしている人がほとんどです。さらに、子どもの学校の送り迎えが義務づけられているので、とても慌ただしい毎日を送っています。しかし、どんなに慌ただしくてもなんとか時間を作り出して、音楽を聴きに行ったり、映画や絵画を見に行ったり、体を鍛えにジムに行くなど、趣味を楽しむ時間を犠牲にしないのがフランス女性の素敵なところです。

では、どうやって時間を作り出すかというと、食事のしたくにあまり手間をかけないのです。日本人のように時短レシピにこだわるというより、手間をかけずにおいしいものを準備するといった感じでしょうか。

例えば、日本で時短調理と言ったら、レンジで5分でできるというように調理時間自体の長さを気にしているように思います。しかしフランス人は、平気でオーブンで時間をかけてブロック肉を焼きます。一見、時間がかかっているようですが、常温にしておいた肉に塩を擦《す》り込んで、ローズマリーなどのハーブを添えて焼くだけなので、オーブンに入れる前の手間は5分程度です。オーブンで焼いている間は他のことができるので、ある意味時短レシピでありながら、じっくり焼いたおいしい肉を食べられるというわけです。時間の捉《とら》え方というのは、国によって違うようですね。

　美食家のフランス人だけあって、決して手抜きではなく、時間をうまく使って素材の味を生かす効率的な調理法が浸透したのだと思います。お惣菜や冷凍食品、缶詰や瓶詰めも上手に使っていて、冷凍食品だけを販売するスーパーもあるほどです。（このスーパーは、最近日本に上陸したようです）もともと素材がいいので、保存食もレベルが高く、手軽にお

（右）下ごしらえができている肉料理は、家で焼くだけなので便利。
（左）お惣菜も種類が豊富。

鶏を丸焼きにする時、鶏の脂が落ちてくる一番下の段にじゃがいもを置き、旨味を吸わせます。これも時短調理。

いしい食事ができるわけです。

また、パリには様々な国の人たちが集まってきているので、お惣菜を売る店も多く、種類も豊富です。アフリカ、アラブ、インド、アジアなど世界各地の味を手軽に楽しめます。

アジアの料理も人気で、ベトナム料理のお店をよく見かけます。フランス人に人気があるメニューは、ボブン。米粉の麺に、もやし、にんじん、キュウリ、ミント、パクチー、ピーナッツ、ネム（ベトナムの揚げ春巻き）や牛肉や海老などがのった豪華な一品で、甘酸っぱいソースを絡めて食べます。私も、パリの友人に薦められて以来、とても気に入っていて仕事の合間によく食べに行きます。テイクアウトもできるので、家でのランチに買って帰るフランス人もよく見かけます。

パリではベトナム料理はすっかり定番ですが、ここ数年は日本ブームで日本のお弁当やおにぎりを販売する店も増えました。以前は日本人の駐在員さんが利用していた、日本の食材の専門店を利用するフランス人も倍増したようです。一般のスーパーでも手巻き寿司のセット（海苔、しょうゆ、わさびなどがセットになったもの）が販売されるようになり、日本の味を楽しむフランス人が増えたことを肌で感じます。

その他、市場や肉屋さんの店頭で売られている鶏の丸焼きも、フランス人が好きなメニューのひとつです。丸焼きは、丸ごと買うこともできますし、半分だけ買うこともできます。この鶏肉と、スーパーで売っている袋詰めのサラダとバゲットがあれば、あっというまにおいしい夕食の完成です。時間をかけずにバリエーション豊かな食事を準備できるのは、様々なライフスタイルを想定して使い勝手の良い食品を販売している「売る側」の思いやりがあるからかもしれませんね。

5. 買い物カゴは必須アイテム

パリのマルシェ（市場）に行くと、すてきなカゴを持ったパリジャンやパリジェンヌが大勢いて見とれてしまいますが、フランス人にとってのカゴは「おしゃれアイテム」というより「必須アイテム」です。というのも、市場で買い物をすると、野菜や果物は包装なし、肉や魚やチーズなども薄い紙や新聞紙でくるむだけの簡易包

市場を歩くと、バリエーション豊かで素敵なカゴに出会います。

色も、形も個性的なカゴがおしゃれ。

装なうえ、最近、国の政策でレジ袋が使用禁止になったので、カゴやエコバッグは必須なのです。

私が小さかった頃は、日本でも買い物かごを持つ人が多く、パリとよく似ていたように思います。野菜は八百屋さん、魚は魚屋さんでといった具合にそれぞれの商店で買い、買った食材は新聞紙などの紙にくるっと包んでもらって、それを買い物かごに入れていました。

しかし、店主の高齢化などで店じまいする商店が増え、そこにスーパーが台頭してきたことで、買い物かごを持つ人が減り、レジ袋に頼るようになった気がします。肉や魚は発泡スチロールのトレイに入れられ、新聞紙の出番はなくなりました。衛生面などを考えると、この方が安心という声も聞こえてきそうですが、1回の食事を作るためにとてもたくさんのゴミが発生していることも事実です。フランスの暮らしに比べると、日本の暮らしはいつの頃からか「ゴミが出やすい暮らし」になってしまったのかもしれません。

フランスの市場では、野菜や果物は１個からバラで買えますし、肉やチーズも必要な分だけを切り分けてもらえるので、不要なものを買わずに済みます。食材を使い切れずに余らせてしまうこともありません。包装のゴミも出ず、食材の無駄もないフランスの市場はとても合理的だと思います。売る側も買う側もゴミを出さないという考えがしっかりと浸透して、日常的に実践されているのはすごいことですね。

HARICOT
2,99
le kg
Citrons

Nectarines
2€ 1,99
Pêches
2€ 1,99
Avocats
2 Pour 2€ 1,99
3 Pour 2€ 1,99
Pastèque
1€ le Kg 0,99

6. 体に良い食材を選ぶ

「食事のしたく」の項目でお話ししたとおり、パリの人々はシンプルな調理法を好みます。そこで大切になってくるのが「良い食材を選ぶ」ということですが、これはパリで暮らしているととても簡単です。

パリの様々な場所で、週に数回は新鮮な食材を売るマルシェ（市場）が開かれますし、オーガニックの食材だけを扱ったスーパーもあります。また、一般的なスーパーでも、野菜や卵、肉、ジュースなど、様々なオーガニック食材を手頃な値段で買うことができます。健康や食の安全を考えるうえで、とても恵まれた環境にあると思います。それだけ、フランス人は食への関心が高いのでしょう。

こういった「食」の豊かさを実現できているのは、フランスが農業国だからだと思います。パリだけを見ると、華やかな大都市で農業などとは無縁と思われがちですが、郊外に向かって電車で30分も行けば、美しい田園風景が広がります。そういった近郊で作られた野菜などがパリ市内で開かれるマルシェ（市場）に並ぶのですから、新鮮な食材がいつでも安価で買えるというわけです。

良い食材を使うので、シンプルな調理法でも十分においしい食事になります。というより、素材の味を生かすシンプルな調理法が一番だということを誰もが知っているのでしょう。

そんなフランスの食料自給率は、なんと100％を超えています。食料自給率が約40％の日本と比べると、とても豊かで恵まれていることが分かります。自国で食料をまかなえるということは、国境を越えての輸送の手間がありませんから、消費者はより新鮮な状態の食材を安価で手

（上）チーズ屋さんの看板。「FROMAGERIE」は、フランス語でチーズ屋。看板右端、緑の地に「AB」はオーガニック認定のマーク。
（下）りんごは、日本の品種より小ぶり。たくさん買ってジャムやケーキの材料に。

（上）鶏肉もオーガニックなので、丸焼きもひと味違います。
（下）市場には、新鮮でおいしそうな食材がたくさん。日本の椎茸も売っています。

にすることができます。こういった食の充実が、フランス人の心の充実に結びついているように感じます。

7. 調味料はベーシックなものを

フランスの家庭料理は、全体的に薄味です。化学調味料を使わず素材の味を生かしていることと、あとから各自が好きなように味を調整できるようにという配慮から、濃い味付けにはしていないのです。食卓で使う調味料もシンプルで、基本的に塩、こしょうとマスタードぐらいですが、この塩とマスタードがとてもおいしいのです。

塩は、南フランスのカマルグなどが産地の天然海塩「fleur de sel（フルール・ド・セル）」が、家庭でよく使われています。やさしい塩味なのに、ひとふりで味が決まる魔法の塩です。私もこの味が大好きで、パリに行き始めた頃から愛用しています。こんなにおいしい塩があったら、他の調味料は不要でしょう。カマルグでの塩作りは歴史が古く、古代ローマ時代から塩の産地として開発され、長年変わらない技法で塩を作り続けているそうです。

マスタードは、「ディジョンマスタード」が有名で、一般的です。マスタードの都として名高いブルゴーニュ地方のディジョンでは、260年以上前の手法でマスタードが作られ、全世界のペースト状マスタードの約半分、フランス全体の80%が製造されているというのですからすごいですね。本当に良いものは時代を超えて受け継がれていくのを実感します。カマルグの塩も、ディジョンマスタードもお土産として有名ですし、最近は日本でも買えるので、フランスの歴史を感じながら味わうのもいいですね。

ドレッシングも市販のものはあまり使っていないようです。バルサミコ酢とオリーブオイルを混ぜて、塩で味を整えたものを使うことが多いです。また、ハーブ類は、郊外に出かけた時などに穫《と》ってくることもあ

（上）目にも楽しい、色とりどりのスパイスが並ぶ専門店。
（右）天然のローリエ。葉が大きくて立派です。
（左）フランス領ポリネシアのタヒチ島ではバニラの栽培が盛ん。

るようです。私自身が穫りに行ったことはありませんが、お料理上手のおばさまが穫ってきた天然のローリエ（月桂樹《げっけいじゅ》）を分けてもらった時、その葉があまりに立派で大きなことにびっくりしました。こういうところを見ても、食文化の豊かさが伝わってきます。

また、最近フランスでよく見かける調味料に日本の醤油があります。ここ数年で、劇的にフランスの一般家庭に浸透したように思います。ちょっと気になるのは、あらかじめ砂糖が入っている甘辛い照焼き味の醤油が売られていることです。これがなかなか人気なのですが、フランスの子どもたちが、醤油は甘辛い味だと思い込んでしまうのではないかとちょっぴり心配です。

8. 家では、ワインやコーヒーを飲まない

日本では来客があると、お茶やコーヒー、あるいは紅茶を出すのが一般的です。来客がなくても、朝、昼、晩と、１日に数回はお茶を飲む習慣があると思います。しかし、フランスの人たちは、家ではコーヒーや紅茶を意外と飲んでいません。私がフランスの家庭を訪問した際も、お茶やコーヒーより水やジュースを出されるほうが圧倒的に多かったです。

とはいえ、フランス人が全くコーヒーを飲まないわけではありません。街角にあるカフェでは、２ユーロ程度（２３０円前後）でおいしいコーヒーが飲めますし、レストランでの食事の締めくくりもコーヒーです。

さらに、パリでは最近コーヒー専門店が人気で、豆にこだわったお店

（上）若いオーナーの個性が光る、新しいカフェ。
（中）行き交う人を眺められるテラス席は、いつも人気。
（下）常連さんは、立ち飲みが定番。

古き良きパリを感じるサンマルタン運河沿いのカフェ。

も増えています。カフェ文化が根づいたフランスでは、コーヒーを家で飲むよりカフェで飲む方が自然なのかもしれません。パリのカフェはどこも魅力的で居心地がいいので、パリジャン、パリジェンヌたちは、自分の家のようにくつろぎながらコーヒーを楽しんでいます。歴史を感じるカフェでは、素敵な空間に身を置くだけで気持ちが弾みますし、テラス席に座れば行き交う人を見ながらリラックスできます。立ち飲みでワインを楽しんでいるおじさんがいたり、すてきなマダムがいたり、カフェに集まる個性的な人々に触れるのも楽しいひとときです。

また、ワイン大国のフランスですが、昨今の健康志向もあいまって、こちらも家で飲んでいる姿はあまり見ません。コーヒーはカフェで、ワインはレストランやバーなどの外出先で友達や恋人と楽しみながら飲むというのが、今のフランスのスタイルのようです。

9. 手作りのバースデーケーキ

日本でも、フランスでも、子どもたちが楽しみにしていることのひとつにお誕生日会があります。私はこれまでに、フランスの子どもたちのお誕生日会をたびたび撮影してきました。

主役の子どもが招待状を作って、来て欲しい友達に渡すところからお誕生日会が始まります。一般的に、集まる子どもたちの数は10人程度ですが、私が訪問したなかで一番大人数だった会は20人ほどで、幼稚園の教室がそのまま移動してきたようににぎやかでした。

どの誕生日会も、それぞれ趣向を凝《こ》らしていて、全員が魔法使いになった設定で遊んだり、公園を貸し切って宝探しをしたり、ピエロの出張を頼んで手品を見せてもらったり、顔にペイントをしてもらったりしま

(上) バースデーケーキは、手作りのパウンドケーキが主流。みんなで、パクリ!
(右下) お菓子作りが得意なママが作ったケーキは、星型のデコレーションが素敵。

ママの手作りケーキを、青空の下でみんなと食べる幸せな誕生日。

す。（フランスはサーカスが盛んで、ピエロなどのパフォーマーを呼べるシステムがあるのです）

なかでも忘れられないのは、初めて行ったお誕生日会です。当時、小学校2年生だった男の子のお誕生日会におじゃましたのですが、まずは家のなかでボードゲームやダーツをして遊び、その後サッカーボールを持って公園へ。ひとしきりサッカーを楽しんだ後、彼のお母さんが銀色の包みを無造作にバッグから取り出しました。男の子が銀色のホイルを開くと丸いパウンドケーキが登場。クリームも、チョコレートも、フルーツもないシンプルなものでしたが、これが誕生日ケーキだったのです。男の子は、パウンドケーキに歳の数だけロウソクを立てました。ロウソクを吹き消した後、お母さんが切り分けてくれたケーキを、彼が自分でみんなに配り、和気あいあいとお祝いのひとときを過ごしました。

誕生日ケーキのシンプルさにも、芝生の上でピクニック気分でケーキを食べることにも新鮮な驚きを感じたので、このお誕生日会は今でもよく覚えています。

その後もいろいろな子どものお誕生日会に参加するうちに、フランスではバースデーケーキがとてもシンプルだということを知りました。日本でお誕生日ケーキというと、真っ赤ないちごが輝いたクリームたっぷりの大きなショートケーキが定番で、そこに「HAPPY BIRTHDAY」のプレートとカラフルなロウソクを飾ってお祝いします。

しかし、パリの子どもたちのお誕生日会で振る舞われるケーキは、ほとんどが手作りのシンプルなパウンドケーキです。高価なケーキより手作りのケーキを家族や友達と分け合って食べることを大切にするフランス人のライフスタイルは、とても素敵で心があたたまりますね。

10. 果物はインテリアの一部、食べる時は皮ごと

パリから東京に戻ってくると、いつもちょっとがっかりすることがあります。それは、果物の値段が高いことです。パリでは果物の種類が豊富で値段も安く、だいたいのものが1個から買えるので、食べたい時に食べたい分だけを手軽に買うことができます。なので、フランスの家庭には常にいろいろな種類の果物が揃っています。

買うばかりでなく、自分で穫りに行く人もたくさんいます。先にお話ししたとおり、フランスは自然豊かな農業国です。広大な農地に加え、木々が生い茂《お しげ》る森もたくさんあるので、フランスの人たちは休日などに森へ行ってベリー類などを摘《つ》むのを楽しみにしています。そうして摘んできた実をジャムにしたり、お菓子作りに使って楽しんでいます。私も友達の家で手作りのジャムを頂いたことがありますが、新鮮でとてもおいしかったです。

さらに身近な場所にも、果物がなっています。ある年の初夏、撮影で仲良くなった女の子の家に遊びに行くと、真っ赤なさくらんぼを出してくれました。とっても甘くておいしかったのでお礼を言うと、「隣のお家にさくらんぼの木があって、そこから穫ってきたの」と言われて、びっくり！　女の子の家はパリ郊外でしたが、そんな場所でも野生のさくらんぼが立派に育つと分かり、驚きと感動につつまれました。

このように身近な果物ですが、すぐに食べない場合は冷蔵庫ではなくダイニングテーブルに置いた大皿やカゴに入れておくのがフランス流で、まるで絵画のような素敵な光景です。食べ頃になるまでの数日間、果物はインテリアの一部になり、良い香りとともに季節を感じさせてくれます。もしかすると、昔の画家たちは果物が熟すのを待っている間に名画を描いたのかもしれないですね。

食べ頃になった果物は、オレンジやマンゴーといった皮の厚いものは

無造作に置かれた果物とラベンダーが、フランスらしさを感じさせる
素敵なインテリアに。

夏に味わえる、甘くておいしい
ペッシュ・プラ（平たい桃）。

皮をむきますが、それ以外のものは皮のまま食べてしまうのが一般的です。日本では皮をむいて食べるリンゴやブドウも、そのまま食べます。もしかすると、これもフランス人のゴミを出さない工夫なのかなと思ってしまうのは、私だけでしょうか。

さて、フランスで食べる果物はどれも新鮮でおいしいですが、日本ではあまり見かけないペッシュ・プラという桃が私のお気に入りです。ペッシュは、フランス語で「桃」、プラは「平たい」という意味です。その名のとおり、潰れたように見える平たい桃なのですが、とてもジューシーで一度食べると病みつきになります。この桃を食べる時も皮をむかずにかぶりついています。夏の限られた時期だけに出回る桃なので、夏にフランスに行くチャンスがある方は、ぜひマルシェで探してみてください。

また、果物の価値観について、日仏の違いを感じる面白い話があります。ある時、日本のクイズ番組を見たフランス人が、優勝商品のメロンを見て、「せっかく優勝したのに、どうして賞品がメロンなんだろう？」と疑問に思ったという話を聞いたことがあります。

というのも、フランスではメロンの値段が手頃で、時期によっては１個１ユーロ程度で買えるのです。フランス人にとってメロンは高価なものではなく、日常的に食べる身近な果物なので、優勝商品としては安すぎると思ったようです。もちろん、種類によっては高いメロンもあると思いますが、日本では高級に感じる生ハムとメロンの組み合わせも、フランスでは比較的気軽に楽しめるメニューなんですね。

目で楽しみ、香りも楽しみ、しっかり熟したところで味を楽しむ。果物の扱い方ひとつとっても、フランス人のセンスを感じます。

第3章
自然体が生み出すフランス流の美しさ

MONSIEUR
ELYSÉES

1. メイク用品は、ほとんど買わない

フランスのコスメは、ファッションと並んで世界中で愛用されているもののひとつだと思います。百貨店の化粧品売り場や空港の免税店を眺めると、フランスのブランドの化粧品を数多く見かけます。それほど、フランスのコスメは百花繚乱《ひやっかりょうらん》です。

しかし、パリの街を歩いてみても、バッチリと濃いメイクをしたフランス女性を見かけるのは意外に少ないものです。様々な化粧品を作っている国なのに、なんだか不思議な気がしますが、フランスの女性はオンとオフをしっかり切り替えているので普段はとてもナチュラルメイクなのです。また、メイクをする場面でも、目元を強調するマスカラと鮮やかな口紅でポイントメイクをするぐらいで、仮面のような厚化粧の人は

ほとんどいません。メイク用品を最小限しか買わないのも、合理的なフランス人らしいですね。

メイクをしない分、フランスの女性はベースとなる素肌の美しさを大切にしています。フランス、特にパリは乾燥しやすい気候なので保湿はかかせません。クリームなどで油分を補うのはもちろんですが、それ以前にもともと肌が持っているうるおいを必要以上に取らないように、朝は洗顔せずにふき取り用の化粧水で肌を整えるのが一般的です。

その後のスキンケアもシンプルで、決して手をかけすぎてはいません。撮影で出会ったお母さんに、どんなスキンケア用品を使っているのか尋ねたことがあります。みなさん子育て中なのにお肌がとってもきれいなので、高価なものを使っているのかと思いきや、スーパーやドラッグストアで手軽に買える安価でシンプルなクリームしか使っていないと言われてびっくりしました。高価なものを使ったり、手をかけすぎるより、自然に近い状態にしておく方が肌はきれいであるという考え方のようです。実際に、みなさんの肌がきれいなので、その言葉には説得力がありました。

スキンケア用品の選び方とあわせて、食べるものや睡眠時間などに気を使っているからこそ、美しさをキープしていられるようです。また、バッチリメイクをすれば、メイクを落とす際にうるおいも取り除いてしまうことになりかねません。フランス人がメイクをしない理由は、ここにもあるかもしれませんね。

オーガニックの石けんは、種類が豊富。どれにするか迷います。

2. フランス人は衝動買いをしない

倹約家《けんやく》のフランス人は、衝動買いと無縁のようです。先の項目でも触れたとおり、フランスでは、夏のバカンスシーズンの前と、冬のクリスマスの後に大きなバーゲンセールがあるので、パリに住む人たちはこの時期を狙って買い物をします。よほどの理由がない限り、セール以外の時期に大きな買い物をすることはないようです。

少し待てば安く買えるのだから、高い時に慌てて買うことはないというスタンスなのでしょう。買い物に対する欲求をコントロールして、セールまで待つのは、合理的な暮らしを励行しているフランス人には自然なことなのだと思います。

そして、待ちに待ったセールの時期がやってくると、どこも大混雑になります。買い物慣れしていない私は、お店に入っただけで息苦しくなってしまうほどですが、フランスの人たちはどんなに混雑していても、納得するまで何着でも試着しているようです。

試着室では、店員さんにアドバイスを求めている人はほとんど見かけません。鏡の中の自分の姿を客観的に見て、自分自身でベストアイテムをチョイスしているのだと思います。

また、安いからといって買いすぎることもありません。たくさん買ってしまっては、すっきりと片づいた家にものがあふれてしまいますし、結果的に散財することになってしまいます。セール中でも冷静さを失わないフランス人の買い物術は、見習いたいですね。

日本にも、「安物買いの銭《ぜに》失い」ということわざがありますが、「良い物を安く、少しだけ買う」というのが、フランス人の買い物の鉄則のようです。

agnès b.
ENFANT
SOLDES

agnès b.
HOMME
SOLDES

SOLDES（バーゲンセール）の文字が街にあふれると、人々は軽やかな足取りでショッピングを楽しみます。

3. 普段着はジーンズがあれば十分

パリの女性がどんな普段着を着ているか、フランスに憧れる日本人女性なら気になると思います。

ファッション関係などの仕事をしている女性は、高級ブランドの服を着ていると思いますが、一般的にはジーンズにブーツやスニーカーを合わせるスタイルが主流です。とてもシンプルですが、フランスの女性はこのスタイルがとても様《さま》になってカッコいいのです。年齢に関係なくジーンズは愛用されていますが、わたしがよく目にするのは子どもたちの送り迎えをするお母さんたちです。いつも写真のモデルになってもらう女の子のお誕生日会に行った時、集まった子どものお母さんたちが、ほぼ全員ジーンズをはいていました。子育て世代は、特に動きやすさを重視しているのかもしれませんが、みんな揃ってジーンズだったので少し驚きました。

そんなわけで、極端なミニスカートを履いて、セクシーな服装をしている女性はあまり見かけません。しかし、ジーンズに合わせるトップスの胸元が大きく開いていたりします。日本だったら、中にキャミソールを着るような深いVネックの服でも、フランス女性は１枚で着ていきます。こういう部分で女性らしさを出しているのかもしれません。

フランスのテレビニュースを見ていると、キャスターの女性も胸元を強調した服装をしているので、こういう着こなしはフランスでは一般的なようです。

ちなみに私も仕事柄、動きやすいようにジーンズにスニーカーというスタイルが定番で、パリでも日本でも同じような服装をしています。最近ふと思ったのですが、私がフランスの人たちにすんなりと受け入れられて、パリの子どもたちをスムーズに撮影できたのは、私の服装がパリの子育て世代の女性のファッションと同じジーンズ姿で違和感がなかったからかもしれません。

もし私がスカート姿で撮影をしていたら、フランス人に受け入れてもらえなかったかもしれないと思うと、ジーンズを愛用していたことを幸運に思います。

デニムとブーツと黒いレザーは、パリジェンヌの定番。

4. フリーマーケットを活用する

パリには、クリニャンクールやヴァンヴなどの大きな蚤の市があり、アンティークのお宝が見つかる場所として観光客に親しまれています。

ただ、近年、こういった有名な蚤の市は、観光客向けの高めの価格設定になってしまっているため、フランス人が買い物をしている姿はあまり見かけません。フランス人がよく利用するのは、「ヴィド・グルニエ」と呼ばれるフリーマーケットで、春と秋を中心に各地域で開催されています。

「ヴィド・グルニエ」とは「屋根裏を空《から》にする」という意味があり、家で使わなくなったものを売っています。不要品をすぐに捨てず、捨てる前に社会に循環させるという概念がしっかり定着しているのは、ものを大切にするフランス人ならではですね。

ヴィド・グルニエでは、ほとんどなんでも買えると言っても過言ではありません。大きなものなら家具も売っています。小さなものならボタンや切手、ちょっとおかしなものだと靴を片方だけなど、どうみてもガラクタにしか見えないものも売っているのが楽しいところです。

日本だと、靴を片方だけ売るというのは躊躇《ちゅうちょ》してしまいますが、「これを必要とする人がきっといる！」という気持ちで商品として並べているのを見ると、フランス人のエスプリを感じます。

ヴィド・グルニエで魅力的なことのひとつは、その値段の安さです。細かく値段を設定せず、品物をずらりと並べた台の横に「小さいものは50セント、大きいものは1ユーロ」といった具合に、ざっくりとした値段表が書いてあったり、その場で交渉するのも普通のことです。

（上）商品を魅力的に見せるディスプレイにも、フランス人のセンスが光ります。
（右）ベーシックな色のアイテムが多いので、コーディネートしやすい服が見つけやすくて便利。

掘り出し物を見つけたら、値段交渉をするのも楽しみのひとつ。

またヴィド・グルニエでは、小学生ぐらいの子どもたちが、使わなくなったおもちゃや絵本を、自分で売っている姿をよく目にします。地元の人だけでなく、観光客や外国人にも物怖《ものお》じせずに接客している姿を見ると、フランスの子どもたちがいかにしっかりしているかを感じます。

これは、フランスの子育てとも関係しています。フランスでは、かなり小さい頃から様々な場面で「自分で考える、自分でやってみる」という経験をさせ、自立心を養っています。その延長線上に、ヴィド・グルニエでの接客があるのだと思います。

子どもの頃から、年齢や国籍を問わずに人と接することでコミュニケーション能力を育み、物怖じしない積極性を身につける場があるというのは、様々な人種が暮らし、観光客も多いフランスでは自然なことであり、必要なことなのかもしれないですね。

5. 髪の毛はナチュラルが一番

パリの街を歩いていると、きれいな長い髪をなびかせて颯爽《さっそう》と歩いている女性に、つい目を奪われます。さすがパリジェンヌの髪は素敵！と思うのですが、髪に対するフランス人の感覚は、日本人とは少し違っているようです。

以前、パリで撮影の仕事をしていた時、ご一緒したヘアメイクアーティストさんに、「ＭＩＫＡさんの髪は、ナチュラルボリュームで素敵ですね！」と言われたことがあります。私の髪は量が多く湿気で広がりやすい癖があるため、自分ではうまくまとまらずコンプレックスを持っていたのですが、パリで活躍するヘアメイクさんにほめられてびっくりし

無造作なショートカットがお似合いの、カフェでくつろぐマダム。

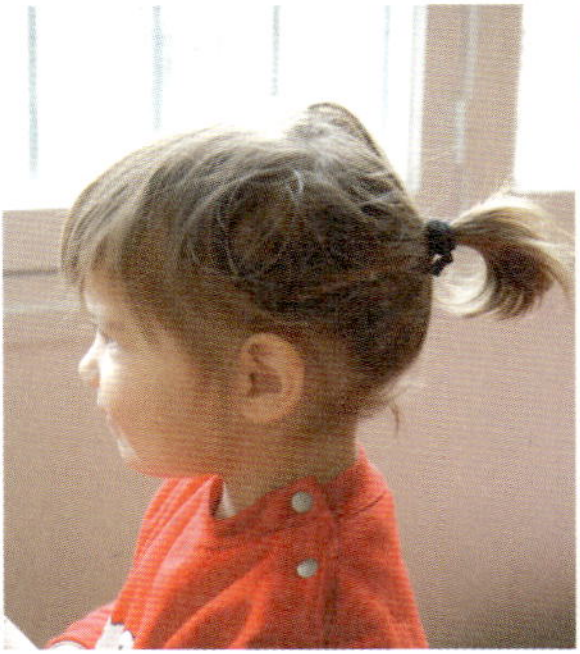

（上）天然パーマのウエーブが上品で素敵です。
（左下）子どもの髪は細くて少ないので、痛くないように優しく結びます。
（右下）ツヤツヤでうらやましいストレートヘアー。

ました。

その後も、自分自身では「今日は髪が広がって、うまくまとまらないな」と思っている時ほど、フランスの人たちからは「MIKA、今日の髪は素敵ね！」とほめられることが続き、「フランス人と日本人では、髪に対する考えが違うのかもしれない」と思うようになりました。

そういう視点で街の人を眺めてみると、自然にまかせて伸ばしたままのナチュラルなヘアスタイルの女性も多いことに気づきます。スタイリングした髪が、少しでも崩れることを嫌う日本人とは対照的です。

パリの美容室で、お客さんがカットに来る頻度を聞いたところ、日本のように定期的にカットする人ばかりではないことが分かりました。髪が伸びたら伸びたで、その状態をアレンジして楽しむ人も多いようです。自然にウエーブが出る髪質の人も多いですし、子どもだとクルクルしたかわいい巻き毛の子もたくさんいます。もともと魅力的な髪質の人も多いので、下手に手を加えるより自然なままの方が美しいと感じるのでしょう。

また、フランス人の髪は日本人に比べて繊細です。なので、ペタッとつぶれてしまうことはあっても、フワッと広がることは少ないので、私のように癖でふんわり広がる髪質に憧れるのかもしれません。所変わればば、美しさの基準も変わるものですね。

6. ハイヒールよりスニーカー

パリのデパートの靴売り場や高級ブランドのブティックには、細くて高いヒールの靴がカッコ良くディスプレイされています。また、パリコレクションのショーの撮影をしている時には「こんなに高いヒールで歩けるなんて、すごいなー」と、びっくりしてしまうようなハイヒールを履いているモデルさんばかりを見ます。

しかし、一歩街に出ると、ハイヒールを履いている人よりスニーカーやバレエシューズなど

トリコロールの色合いが素敵。

歩きやすくて、あたたかいブーツはフランス人の必需品。

ヒールのない靴を履いている女性の方が多いのです。パリには石畳の道もあるので、歩きやすさや動きやすさを考えると、フラットな靴を選ぶのはごく自然なことだと思います。

また、涼しくなってくるとブーツの出番ですが、こちらも細くて高いヒールのものより、太めのしっかりしたヒールのブーツや長靴タイプのフラットなものが好まれているようです。フランスの冬はとても寒くて足元から冷えてくるのでブーツは必需品ですが、見栄《みば》えより、あたたかさや安定感が求められているのでしょう。

以前、バレエシューズメーカーの「レペット」の工場を撮影しにいった際も、タウン用の靴は基本的にヒールのないフラットなものが主流でした。ブリジット・バルドーの時代からフランス人に愛されている靴は、変わっていないようです。

また、フランス人の家の玄関はどこもきれいで、靴が散乱していると
ころを見たことがありません。かといって、靴を収納する大きなスペー
スも見当たらないので、洋服や食器と同様に、靴も必要最小限の数しか
持っていないのだと思います。

厳選したものだけに囲まれた、無駄のない暮らしを徹底していること
を、こんなところからも感じます。

7. 体を動かして、いつまでも美しく

近年フランスでは出生率が右肩上がりで、子どもの人数も増えています。私が撮影で関わった家族も、子どもの人数は2人より3人の方が多かったです。フランスでは、仕事の残業や休日出勤がほとんどないため、夫婦で協力して子育てをしやすい環境なのです。そのうえ、子どもを2人以上産めば、子どもの人数に応じて手厚い家族手当が支給されるため、子だくさんな家庭が増えているのでしょう。

子育てに追われているフランスの女性ですが、ほとんどの方が仕事を持って活躍しています。仕事と子育ての両立で慌ただしい毎日ですが、自分の体のメンテナンスも忘れてはいません。忙しい合間をぬって、ヨ

ガやバレエ、水泳などのエクササイズに通っています。

日本だと、スポーツはストレス発散のためというイメージが強いですが、フランスではそれに加えて、いつまでも魅力的な女性でいられるように体を美しく整える目的もあるようです。


みなさんご存知のとおり、フランスは「アムール（愛）」の国。街角でキスをしていたり、公園で抱き合って愛を語り合っているカップルを見かけるのも日常茶飯事です。それは若い人たちばかりではありません。フランス人は、いくつになっても恋をする気持ちを忘れません。

そんなフランスでは、大人だけの時間もとても大切にされています。カップルはもちろん、子どものいる夫婦でも、子どもをおばあさんやベビーシッターに預けて、ふたりだけでディナーやライブ、観劇に出かけます。こういう外出はフランスでは普通のことなので、「小さい子どもを放っておいて！」と批判する人はいません。

また、1日の終わりにふたりきりでくつろぐ時間をちゃんと作っています。そこでは、子どもたちの「パパとママ」ではなく、フランス映画のタイトルのように「男と女」なのです。

いくつになっても恋心を忘れず、お互いの存在を心から愛おしいと思える男女関係は、フランスらしくて素敵です。女性として、いつまでも魅力的でいることを意識していたいですね。

8. 水を飲むのが、一番のスキンケア

フランスのスーパーに行くと、本当にたくさんの種類のミネラルウォーターが山積みで売られています。フランス人は水道水も飲みますが、水道水には石灰分が多いため、体に良い成分を含んだミネラルウォーターも需要が高いのです。また、フランス各地で名水を採水できることも理由にあげられると思います。

前の項目でお話しした、女性らしい体を保つということにもつながりますが、フランスの伝統的な食事は、バターやチーズなどの乳製品や、フォアグラなど脂質の高い食材を使うことが多く、意識せずに食べていると太ってしまう可能性があります。これは美意識の高い女性にとって

夏のパリを象徴するようなペリエのグリーンのボトル。カフェでも、たくさんの人が渇いたのどを潤しています。

は、ちょっと危険な食生活です。

そんな中、毎日手軽にできる体のメンテナンスとして、ミネラルウォーターをたくさん飲んでいる印象を受けます。ダイエットというよりは、体をきれいに保つという意識から水を飲んでいるようです。

フランスというと、ワインやコーヒーを水の代わりに飲んでいるイメージがありますが、アルコールやカフェインの摂取に気を使う女性も増えていて、水の他には、オーガニックのフルーツジュースやハーブティーを好む傾向があるようです。

私もフランス滞在中にミネラルウォーターをよく飲むようになり、日本に戻っても続けていますが、水をたくさん飲むと体内の水の循環が良くなり、体調がいいのを実感します。豊富なミネラル分が疲れた体を整えてくれるので、とてもありがたい存在です。

個人的には、スパークリングのミネラルウォーターが好きなので、ペリエをよく飲みます。ペリエのグリーンのボトルを見ると、フランスらしさを感じて、なんだか気持ちが弾みます。

ミネラルウォーターはそのまま飲むのが一番ですが、以前、南フランスに行った時、部屋を貸してくださったご家族と夕食前にベランダでアペリティフを飲む機会がありました。私が、お酒はあまり飲まないというと、白ワインをペリエで割ってすすめてくれました。その爽やかな味と南フランスの夕景は、いまでも忘れることはできません。

その他にも、ダイエットに向いているコントレックスや、日本人の口に合うボルヴィック、ミネラルウォーターの代名詞ともいえるエビアン、ヴィッテル、トノン、クリスタンなどなど、様々な特徴を持つミネラルウォーターがたくさんあるので、飲み比べてお気に入りを見つけるのも楽しいですね。

9. 流行は追わず、自分らしさを大切にする

流行の発信地であるパリですが、そこに住む人たちは意外にも流行を追わずベーシックなアイテムを好んでいます。流行を追ってシーズンごとに服を買い足していくと、ものも増えますし、経済的にも負担になります。

それよりは、自分が本当に好きなファッションをベースにして、流行《はや》り廃《すた》りのないコーディネートをしています。その分、こだわりも強いようです。

小さな子どもたちでさえ、自分の好みがはっきりしています。撮影の際、こちらの都合で服や髪型を指定することがあるのですが、それが子どもの好みに合わないと「私には、この色は似合わないから着たくない」と言われたり、「今は、この髪型に凝《こ》っているの」とはっきり自己主張をして断られたことがあります。5～6歳の時点でこれだけ自分のことが分かっているというのは、すごいことですね。

子どもたちでもこんな調子ですから、大人に関しては言わずもがなです。

こうして小さい時から個性が磨かれているので、流行を追わなくても、自分らしいおしゃれなスタイルが確立できるのでしょう。また、フランスは個人主義の国なので、人と違うのはあたりまえだと考えられていますし、まわりに同調しないからといって浮いていると思われることはありません。むしろ、人と違う方がカッコいいと思われる風潮があると思います。誰かの真似をするより、オリジナリティがある方が、価値があると考えられているんですね。

10. 服を買うより、花を買う

パリ市内を歩くと、いろいろな場所でお花を売っていることに気がつきます。朝市で色とりどりのお花が並んでいるのを見かけたり、バラだけを専門に扱ったお花屋さんがあったり、白い花ばかりを売るお店があったり。大小様々なお花屋さんに加え、セーヌ川に浮かぶシテ島では常設の花市場が開かれていて、鉢植えや樹木、おしゃれなガーデニンググ

パリには高級なお花屋さんが多数ありますが、朝市や街角のお花屋さんでは、手頃な値段できれいなお花を買うことができます。

色のグラデーションが美しい花束。

ッズなどを売っています。

服や雑貨をあまり買わないフランス人ですが、鮮やかなお花を見ると、つい足を止めてしまうようです。値段が手頃なこともあり、お花を買っている姿はよく見かけます。部屋に花を飾ることで暮らしを美しく彩るのはもちろん、自然の中で育まれたきれいな色を眺めて心身ともにリラックスしているようです。

もうだいぶ前になりますが、パリで活躍するフラワーアーティストのクリスチャン・トルチュ氏に、お目にかかったことがあります。私は、ナチュラルさと繊細さをあわせ持つ彼の作品が大好きでとても憧れていたのですが、ラッキーなことにご縁があり、南フランスの別荘を訪問させていただきました。

それぞれの部屋ごとに雰囲気に合った花がさりげなく飾られていて、

お城のように広く美しい邸宅を、さらに味わいのある空間に変えていました。メインのリビングには、数えきれないほどたくさんのピンク色のバラが無造作に束ねて飾ってあったり、小さな書斎にはラベンダーが数本いけられていたり、部屋全体の色彩と調和するように考えられたアレンジが素敵でした。

目で楽しむだけでなく、花は香りも素敵ですね。また、フランスはハーブの栽培も盛んですから、ルームフレグランスやアロマキャンドル、虫除けなど様々な形でハーブを暮らしに取り入れて良い香りを楽しんでいます。チーズやワインなど、フランスには香りを楽しむものが多いので、フランス人は香りに敏感なのでしょう。ほのかな香りのある暮らしは、心をおだやかにさせてくれますね。

第4章
軽やかに暮らすためのスッキリした人づきあい

1. 結婚式もラフな服装

「フランスの結婚式はさぞ華やかだろう」と思われるかもしれませんが、そこは倹約家のフランス人。結婚式にも、それほどお金はかけません。市役所などで婚姻のサインをし、その後カフェやレストランで家族や友人とパーティーをするのが一般的なようです。

パーティーは日本の披露宴《ひろうえん》のように堅苦しくないので、参加者もそこまで着飾って行きません。一番大切なのは新郎新婦を祝福する気持ちですから、高額のご祝儀も必要ありません。これなら気軽に参加できますし、結婚式の招待が重なって、ご祝儀貧乏に陥ってしまうこともないでしょう。日本の結婚式は形を重視しすぎて、少しお金がかかりすぎているかもしれませんね。

もちろん、フランスの結婚式もお金をかけようと思えば、いくらでも選択肢が広がります。セーヌ川でクルージングディナーをアレンジしたり、古城でのウエディングも可能です。

以前、ひょんなことからフランスでの結婚式のコーディネートを担当したことがあります。

当初はウエディング撮影だけの予定が、気づけばなんとフォトグラファー兼ウエディングコーディネーターになっていました。思いがけない大役でしたが、日本の結婚式との違いを肌で感じることができて、とても貴重な体験となりました。

まず会場を決めるのですが、新郎新婦の要望で古城で式を挙げることになりました。フランスには数多くのお城があり、古城ホテルやレストランと銘打って営業しているところがたくさんあります。なので、会場となるお城を探すこと自体は大変ではありませんでしたが、そこから先が未知の世界でした。

日本ならば、式場が決まれば、ある程度でき合いのプランを軸に進めることもできますが、この時の結婚式は「古城」という会場がある以外はなにも決まっていませんでした。

お城の担当者さんは「あなたたちの好きなようにしていいのよ！　私たちは、それをサポートするから」と笑顔で言ってくれたものの、式の内容はすべて自分たちで考えて提案し、手配しなければなりませんでした。

会場を飾る装花やウエディングケーキの準備はもちろん、食事のメニューやワインの手配、椅子やテーブルの配置や飾り付けなどの会場設営に音響の手配、来場者の送迎対応、果ては牧師さんの手配もやりまし

シンプルなウエディングが多いフランスですが、ウエディングドレスは、やはり女性の憧れ。専門に扱うブティックやデザイナーも多いです。

た。

フランスの牧師さんとメールでやり取りしている時は、あまりにイレギュラーな状況でさすがに不思議な気分になりましたが、なかなかできない体験なので面白かったです。

お金をかけても、かけなくても、自分たちらしいスタイルの結婚式をするのが、フランス流なのかもしれません。

2. やみくもにプレゼントや手土産を渡さない

日常の買い物は簡易包装が主流のフランスですが、１年に１度クリスマスの時期になると、デパートでは華やかなラッピングを待つ人で行列ができます。

フランスのクリスマスは日本のお正月に近いイメージがあり、里帰りして両親や親類などと過ごすのが一般的です。その際、集まる人たちみんなにクリスマスプレゼントを買っていきます。節約家のフランス人が親しい人たちのために大盤振る舞いするので、プレゼントはひとつひとつきれいに包装されて、その出番を待ちます。

またある時、子だくさんのお母さんが、すてきな時計をしていたので、お似合いですねと声をかけると、誕生日にご主人に買ってもらったものだと笑顔で教えてくれました。いくつになっても、好きな人からのプレゼントはうれしいものです。

こうして大きなプレゼントを渡すのは、クリスマスとお誕生日ぐらいで、その他の時はめったに贈りものをしません。これは、ものを増やすのを好まないフランス人の暗黙の了解なのでしょう。結婚祝いも、一方的に贈りものをするのではなく、新郎新婦の希望を事前に聞いて、必要なものを渡しています。さすが、フランスらしくて合理的ですね。

友人の家を訪ねる際にも、高価な手土産や相手が困るようなものは渡しません。好みに合わない雑貨などを渡して迷惑をかけてしまわないように配慮しているのでしょう。なので、その日に一緒に食べるためのケーキを焼いて行くとか、あまり高価ではないワインを持参するなど、す

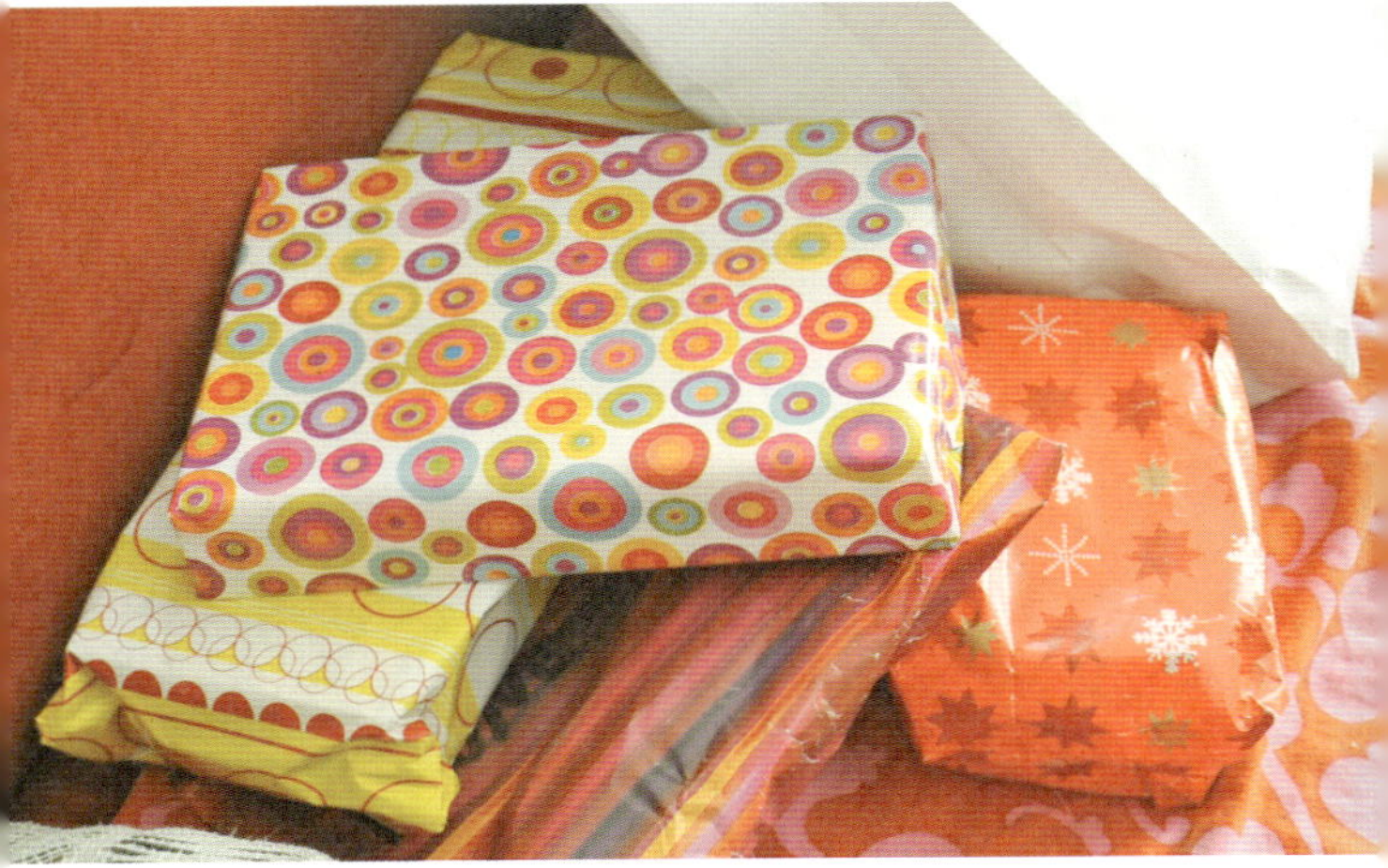

普段は贅沢しない分、誕生日やクリスマスのプレゼントは特別。

ぐに消費できて、先方の暮らしの邪魔にならないものを選んでいます。

旅行のお土産も同様で、相手のライフスタイルに合わないものは渡しませんし、そもそも、お土産自体をあまり渡さないようです。これは、学校の長期休暇が多く、家族で旅行に出かける機会が多いため、その度にお土産を買っていたら経済的に大変ということもあげられるかもしれません。

プレゼントは本当に特別な時だけにすることで、暮らしにメリハリがつき、贈られたものがより一層大切なものになりそうですね。

3. いつもどおりが一番のおもてなし

日本では来客の予定があると、事前に念入りに掃除をして、特別においしいお茶菓子を用意して、準備万端でお客様をお迎えすることが多いと思います。

このように、先回りして快適な環境を整えておくのが日本のおもてなしですが、フランスのおもてなしは、日本と正反対と言っても過言ではありません。特別な準備をするより、いつもどおりの環境の中に家族の一員のように迎えることが一番のおもてなしだと考えているようです。

お菓子も買ったものではなく、手作りのケーキを振る舞うことが多いです。家族同様の気負いのないおもてなしは、堅苦しさがないのでこち

（右）パン屋さんで買ったお菓子も器ひとつでおしゃれに。
（左）手軽なオードブルも、テラスで食べれば素敵なおもてなし。

らもリラックスできます。さらに、日本人にとっては、フランス人の日常生活をそのまま体験させてもらえるのでうれしい限りです。

私がフランスの家庭に泊まった時は、どこの家でも「自分の家だと思って、好きに使って」と言われ、キッチンやバスルームなどは自由に使わせてもらいました。

日本では他人の家の冷蔵庫を開けるのは失礼なことですが、フランスでは家族の一員として迎えられているので、冷蔵庫も自由に開けさせてもらいましたし、洗濯機な

ども使わせてもらいました。もちろん、あまりにも失礼なことはしませんが、とても自由に滞在させてもらってきました。

この「自由」という言葉が、個々の意志を尊重するフランスらしいおもてなしのキーワードになっている気がします。先回りして準備するより「あなたの意思を尊重します」というタイプのおもてなしです。

また、ある家では留守番を頼まれたこともあります。これは、滞在させてくれているホストファミリーが「あなたを信頼していますよ」という証《あかし》なのだと思います。家に呼んでくれる時点で相手を信頼しているのは当然かと思いますが、家の中のものを使っていいと言ったり、留守番まで頼むのはよほど心を許していなければできません。

フランス人にとってのおもてなしとは、相手に尽くすというよりは、相手を信頼して心でつながることなのかもしれません。

4.
高級レストランより、自然を感じるピクニック

倹約家のフランス人は高級レストランにはめったに行きません。フランスには有名なレストランがたくさんあるのに、行かないなんてもったいないと思われるかもしれませんが、多くのフランス人は高級レストランに行くお金があるなら、夏のバカンスの資金にするでしょう。

市場に行けば新鮮な食材が簡単に揃うフランスでは、高級レストランに行かなくても、家で十分おいしいものが食べられるのです。

では、いつも家の中で食事をしているのかといえば、そんなことはありません。自然を愛するフランス人は、屋外で食事をするのを好みます。カフェの席は店内ではなく、テラスから埋まりますし、公園のベン

チやオペラ座前の石段、モンマルトルの丘やサンマルタン運河沿いなど、日当たりのいい公共の場はサンドイッチなどを片手にランチを楽しむ人でいつも賑わっています。

また、夏の夕暮れ時、セーヌ川にかかるポン・デ・ザール（芸術橋）には、ワイン片手に夕涼みをする人が集まります。この橋は歩行者専用で車が通らないので、みんな橋の上に座り込み、思い思いの時間を過ごしています。セーヌ川の風を感じながらパリの真ん中でピクニック気分というのは贅沢なことですね。

街中《まちなか》でのプチピクニックだけでなく、森でピクニックをするのも、もちろん大好きです。パリ市の両端には、広大な敷地のブーローニュの森とヴァンセンヌの森が身近にあるので、思い立ったらすぐに出かけられます。以前、友人に「ブーローニュの森で待ち合わせようね！」と連絡したら、「ブーローニュの森のどこで待ち合わせか決めてくれないと、広過ぎて会えないよ！」と言われてしまいました。

それもそのはず。ブーローニュの森は、敷地内に湖や池、滝、バラ園などがあるうえ、国際的な試合が行われるローラン・ギャロス（テニス場）やロンシャン競馬場、子どもに人気の遊園地まであり、本当に広い森なのです。こうした施設内にもピクニックができる場所がありますし、森は自然がいっぱいなのでピクニックにはうってつけです。

ヴァンセンヌの森には、動物園やヴァンセンヌ城があり、こちらも魅力的な森です。郊外に行けば、さらに広大で美しい森がいくつもあり、ピクニックをする場所には困りません。


ピクニックのお供は、もちろんバゲットとチーズ、そしてワイン。家ではあまり飲まないワインもピクニックの時は特別です。準備する余裕があれば、リンゴのタルトなどのデザートが並ぶこともあります。

美しい景色と澄《す》んだ空気に包まれて、気のおけない仲間と過ごす、豊潤なひととき。これ以上に贅沢な時間はないですね。

サンマルタン運河で、愛を語るカップルたち。

（上）天気の良い日、セーヌ川は多くの人でにぎわっています。
（下）セーヌ川にかかるポン・デ・ザール（芸術橋）で、夕涼みを楽しむ人々。

5. 外出の荷物は少なく

家の中をスッキリと整えているフランス人は、出かける時の荷物もとても少ないです。

親しくしているフランス人家族が日本に3週間の旅行に来た時、家族4人でトランクひとつだったのには驚きました。私ひとりでも、海外に行く時はトランクひとつでは足りないぐらいだからです。

日本に滞在中、彼らは観光に行く時もお財布が入る程度のバッグを肩からかけているだけで、いつでも両手は空けています。けれど、そんなに荷物が少ないというのに、海が見えてくるとおもむろに水着を取り出して、トイレでパッと着替えて泳ぎはじめたりするのです。

私たちが海へ行くとしたら、バスタオルやフェイスタオル、日焼け止めに着替えの服、メイク用品など大荷物になってしまうこと必至ですが、フランス人は必要最低限の荷物しか持ちません。海から出た後は、小さなタオルで顔を拭く程度で、自然乾燥。細かいことは気にせず、水着の上にTシャツとショートパンツを着て観光を続けていました。

ちなみに、海で日本の若い女性を見たフランスの女の子は「あの人たちは、海に入るのにどうしてあんなにお化粧してるの？　それに、あんなにヒールの高いサンダルをはいてたら危ないよ」と、驚いていました。

街中でもほとんどメイクをしないフランス人から見たら、海に泳ぎに来ている人がバッチリメイクしているのは不思議な光景だったのでしょう。

また、フランス人は、ほとんど傘をさしません。小雨程度であれば、濡《ぬ》れても気にならないようです。ですから、雨に備えて折りたたみの傘を持って歩くこともなく、ここでも荷物が軽減されています。

本当に必要なものを最小限だけ持つという暮らし方は、家の中だけでなく、旅先や外出先でも実践されているのです。

小ぶりのバッグで、荷物はコンパクトに。

6. いつも自分の気持ちに素直に

長年フランスの人たちと交流してきて、一番感じるのは裏表《うらおもて》がないということです。何かをお願いした際に、できることはできる、無理なことは無理とはっきり言ってくれるのでとても気持ちがいいです。

裏を返せば、自分の気持ちに素直で無理をしないということだと思います。子育てでも、友達づきあいでも、自分の気持ちに反してあまりに無理をしてしまうと、自分だけが犠牲を払っているような感覚になり、大きなストレスを抱えてしまいかねません。

しかしフランス人は、自分の気持ちに蓋をすることはないようです。小さい頃から自分の意志をはっきり伝えるように育てられていますし、なによりも人生は楽しむものであると考えているからでしょう。

例えば先約がある日に、さらに魅力的な予定が舞い込んでしまったとしましょう。そんな時も、先約だから優先するというよりは、どちらの予定に参加したいのかという自分の気持ちに従っているようです。

そんな時、先約を断るのによく使われるのが「très compliqué!（とっても複雑なの）」という言葉。細かい説明がなくても、言われた側は詮《せん》索《さく》せずに「なにか事情があるのね」と理解します。短い一言が人間関係を円滑にする魔法の言葉になっていて、フランス人の器の大きさを感じます。

そんなフランス人たちは、SNS（ソーシャルネットワーキングサービス）に振りまわされたり、負担になるような使い方はしていません。

家の中だけでなく、心の中にもものをためこまない、フランス人の軽やかなライフスタイルに憧れます。

L'ESPLANADE
L'ESPLANADE St EUSTACHE

Eustache
Café
Pizza & Pasta

7. 年齢を問わず人生を楽しむ

日本では、歳を重ねることに抗《あらが》おうとアンチエイジングの化粧品やグッズが人気です。しかし、フランスでは歳を重ねることは美しいと捉えられているので、皺《しわ》やたるみも気にしません。それが生きてきた証であり、その年齢になって初めて醸《かも》し出せる魅力だからです。その証拠に、フランスでは若い女性より成熟した女性の方が間違いなくモテます。

フランスでも歳の差カップルは多いですが、日本と一番違うところは女性が年上で男性が年下ということです。

日本ではアイドル文化がもてはやされ、男性は若い女性を好みがちですが、フランスでは40歳以上の大人の女性の方が、だんぜん人気があります。私が知る限りでも、20代の男性と40代の女性、さらに離れて20代男性と60代の女性のカップルがいます。

フランス女性は、いくつになっても心身ともに美しさを保つライフスタイルを大切にしているうえ、年齢を重ねたからこその豊富な人生経験やあふれ出る叡智《えいち》、そして、やさしさや心の広さを備えているところが大きな魅力なんだと思います。

また、お互い60代になってから出会って一緒に暮らすようになり、さらに歳を重ねてから結婚したカップルもいます。どのカップルも本当に仲がよく、ふたりで一緒に人生を楽しんでいるのが伝わってきます。恋をするのに年齢は関係ないんですね。

恋愛に限らず、フランス人は年齢で線引きをするようなことはありません。人の目など気にせず、自分が興味を持ったことはどんどんチャレンジします。

先日、よくモデルをお願いする女の子のおばあさまにお会いした際、「孫をビデオに撮ったのよ!」と言って、撮影から編集までご自身で手がけられたビデオ作品を見せて下さいました。

私も時々、動画の作品を作るのでわかるのですが、ビデオ撮影は体力が要《い》りますし、編集作業は集中力が必要な大仕事です。しかし、そのおばあさまは、ビデオカメラやパソコンを自在に操り、芸術的な作品に仕上げていらっしゃって、本当に脱帽《だつぼう》しました。

恋愛や新たなことへのチャレンジを恐れない、心の若さをいつまでも持ち続けたいものです。

街角で演奏していたおじさま。白いハットがお似合いです。

ロンシャン競馬場に凱旋門賞を見に来ていた、おしゃれなマダム。

8. 子育ては適度な距離感で

私はパリの街角や公園で、笑顔がかわいい子どもを見つけると、一緒にいる親御さんに「撮影していいですか?」と声をかけます。その際、ほとんどの親御さんからは、「この子に直接聞いてみて。子どもが良いと言えば、私もOKよ」という答えが返ってきます。

2~3歳ぐらいの小さな子どもの場合もそう言われるので、「この子が、ちゃんと受け答えをしてくれるかな?」と、お願いする時はドキドキです。しゃがんで、子どもと目線を同じにして、きちんと自己紹介をし、撮影していいかどうかを尋ねます。すると、子どもたちもしばらく考えてから撮っていいかどうかを答えてくれます。幸い、ほとんどの場合「撮っていいよ!」と言ってもらえてます。

こういうことが何度も続くうちに、フランスでは子どもたちに「自分で考える経験」と「自分の意志を伝える経験」を積ませていることに気づきました。

フランスの人たちは、あたりまえのこととしてやっているようでしたが、日本人の私から見ると、小さい子どもに「自分で考える時間」を持たせるというのはとても新鮮でした。日本では、子どもの意志を聞くより先に、大人の都合で物事を進めがちで、幼少の子どもに問題を投げかけ、それを深く考えさせることは少ないのではないでしょうか。

「自分で考える」経験を積ませるのは、子どもを早く自立させるためです。これまでの項目でも少し触れましたが、フランスでは赤ちゃんの頃からひとりで寝かせたり、公共の場（フリーマーケットなど）で様々な人と交流させるなど、子どもを自立させる子育て方法が確立しています。

親が先回りして進路を決めてしまったり、なにかを押し付けるのではなく、早いうちから様々な体験をさせることで、子どもの成長を促し、自分自身の意志で物事を選択できるように導いているのだと思います。かわいいからこそ、いつもべったりするのではなく、少し距離をおいて見守り、子どもたちが自信を持って世界に向かって羽ばたけるように適度にサポートするのが、フランス人が考える親の役目のようです。

こうして育てられている子どもたちは、実際にとてもしっかりしています。フランスの子どもたちを撮影しながら、「私より、しっかりしているなあ」と思わされることもしばしばです。大人に対しても物怖じせずに意見を言えるのは、日頃から大人と子どもがほどよい距離感を持って対等に暮らしている環境があるからなのだと思います。

9. 自分の目を信じる

私はパリで子どもを撮影する時、仕事としてモデルをしている子ではなく、公園や街角で元気に走り回っている一般の子どもたちを主に撮っています。

フランスでは、子どもが外出する際は大人が同伴することが法律で義務づけられているので、外で遊んでいる子のそばには必ず保護者がいます。私は保護者の人と子ども本人に許可をもらってから撮影していますが、撮影が楽しく進むと「終わったら、家に寄ってお茶を飲んでいかない？」と誘われることもしばしばです。

ほんの数分前に、街で突然声をかけた人間を呼ぶ方も呼ぶ方なら、行く方も行く方だと思われるかもしれません。しかし、いろいろな人を撮影していると、相手が良い人かどうかは察知できるようになるものです。また、道で出会った人を家に招くことができるフランス人も、人を見る目がしっかりしています。こうした出会いがキッカケで、何年も交流が続いているご家族もいるので、縁というのは不思議なものだなあとしみじみ感じます。

路上での撮影を通して、もうひとつ感じていることは、「笑顔で元気な子どもの親に悪い人はいない」ということです。公園で元気な子どもを見つけて、その親御さんに話しかけると明るくて親しみやすい人ばかりです。しかし、逆にちょっと気が弱そうな子どもの親御さんと話すと、少し神経質な方だったりします。「子は親の鏡」とは良く言ったものだなと思います。

なにごともまわりに流されず、自分の目を信じて物事の善し悪しを判断していきたいですね。

10. 物より思い出を大切にするフランス人のバカンス

「日本人は、夏休みをどれくらい取るの?」

これは、フランス人から時々聞かれる質問です。

私が、お盆休みで1週間から10日休めれば長い方かなと答えると、「それだけしか休みが取れないのに、どうして日本人はあんなに働くの!?」と、目を丸くして驚かれます。フランス人にとって、なにものにも代え難いものが、心身ともにリフレッシュする夏の長いバカンスだからでしょう。

この本で日本とフランスの違いをいろいろと書いてきましたが、休暇に対する考え方が一番違う部分かもしれません。フランスでは、長期休暇を取ることが社会的に根づいているので、一般の企業でさえ1ヶ月前後の夏期休暇が普通に取れます。

日本では、臨時収入があったら、すぐに「なにを買おうかな」と買い物に結びつけがちですが、フランス人は何か買うよりもバカンスの資金にあてることが多いようです。

趣味が高じてパリの中心地にクッキー屋さんを開いた友達がいるのですが、彼女も「売り上げは、夏のバカンス費用にするの！　今年は、家族で遠出ができそう！」と、とても楽しそうに話してくれました。

また、親しくしているフランス人の家族が夏休みに日本に遊びに来て、丸3週間、日本各地を周遊して楽しんでいったのですが、その家のお父さんはフランスの国鉄に勤務していました。

私が「パリに戻ってすぐに仕事だと大変ですね」と言うと、そのお父さんは「帰国後もまだ1週間休みがあるから、しっかり体を休めて仕事に戻るよ」と話してくれました。

日本人の感覚では、ただただ驚くばかりですが、フランスではバカン

（右ページ）フランス語が通じてパリから飛行機で３時間で着くモロッコは、気軽な旅先。エキゾチックな雰囲気が人気です。
（左ページ）同じくフランス語が通じるタヒチは、憧れの旅先。ブルーのグラデーションが美しい、珊瑚礁に囲まれた海。

スありきで仕事のスケジュールがまわっているので、特に困らないようです。うらやましい限りですね。

これほどまでにバカンスを中心に考える国民性は、お金で買えるものよりも、大切な人と過ごす時間や新しい体験、美しい思い出を大切にする姿勢とつながっているのだと思います。

買ったものは、いつかゴミになり捨てる日が来るかもしれませんが、楽しかった思い出は、いつまでも心の中にしまっておくことができます。大きな収納家具もゴミ箱も必要ありません。

日本人は、ついつい仕事優先になりますが、人生とは仕事のためだけにあるのではありません。

私たちが本当の豊かさを考える時、「生きることを充実させる」フランス人の暮らし方は、良いヒントとなってくれることでしょう。

おわりに

自然体でありながら、とても合理的で無理のないフランス人の暮らし。

もちろん、日本の暮らし方にも良いところは山ほどありますが、丁寧にしすぎるあまり、ちょっぴり空回りしている部分があるかもしれません。

日本の暮らしの知恵と、フランスの暮らしの知恵をバランスよく生活に取り入れて、快適で、笑顔があふれる素敵な毎日を過ごしたいですね。

この本が、みなさんの暮らしを快適にするヒントになり、ほんの少しでもお役に立てばうれしいです。

MIKA POSA

著者紹介

MIKA POSA（ミカ ポサ）

東京生まれ。勤務先の破綻を機にOLからフォトグラファーに転身。2002年よりパリ、東京を拠点に活動。世界20カ国以上を旅している。子どもたちの日常やファッションを中心に撮影。フランスを代表するファッションデザイナー　アニエスベーに写真を評価され、同ブランドのカタログや、パリのブティックの店頭ポスターなどを手がける。

その他、「JILLSTUART（ジル スチュアート」「Barbie（バービー）」「Repetto（レペット）」「ディズニーストア」のカタログや、海外ディズニーリゾートのガイドブック、「Lexus（レクサス）」のプロモーション写真、フジフイルムの「世界の子供カレンダー」などを撮影。フランスや写真などに関するワークショップで、講師も務めている。

著書も多数あり、『世界のともだち　フランス』（偕成社）は、児童福祉文化賞を受賞。他に、『パリのちいさなバレリーナ』（講談社）、『パリの子どものおしゃれノート』（産業編集センター）、『旅するフォトグラファー』（同友館）など。

※本書に記載されている情報は、発刊当時のものです。
　本書は書き下ろし作品です。

写真・文・本文デザイン――MIKA POSA

○ 本表紙図柄＝ロゼッタ・ストーン（大英博物館蔵）
○ 本表紙デザイン＋紋章＝上田晃郷

ＰＨＰ文庫 フランス人の部屋にはゴミ箱がない
おしゃれで無駄のない暮らし

2017年１月18日　第１版第１刷

著　者	ＭＩＫＡ　ＰＯＳＡ
発行者	岡　修平
発行所	株式会社ＰＨＰ研究所
東京本部	〒135-8137 江東区豊洲5-6-52
	文庫出版部　☎03-3520-9617（編集）
	普及一部　☎03-3520-9630（販売）
京都本部	〒601-8411 京都市南区西九条北ノ内町11
PHP INTERFACE	http://www.php.co.jp/
組　版	朝日メディアインターナショナル株式会社
印刷所 製本所	図書印刷株式会社

ISBN978-4-569-76634-8

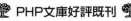